ce livre appartient à :

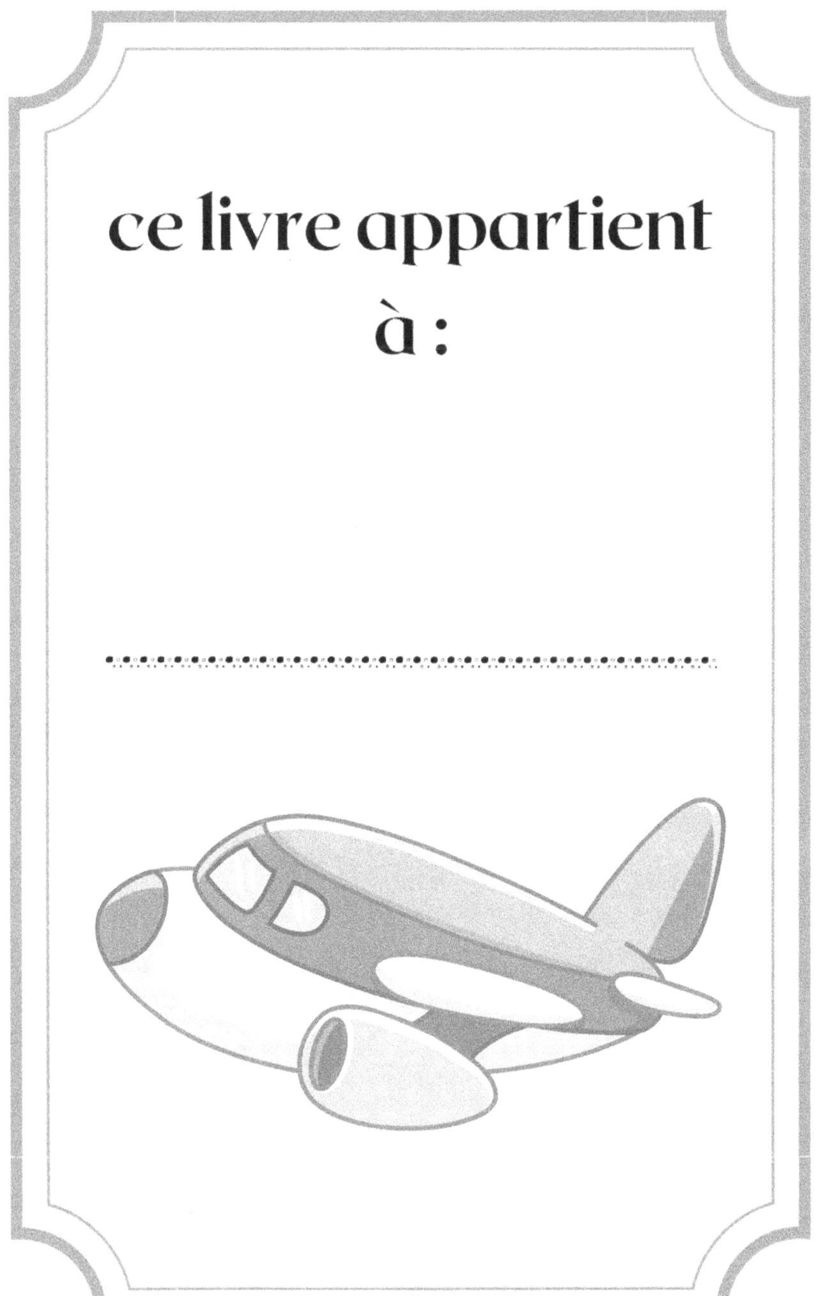

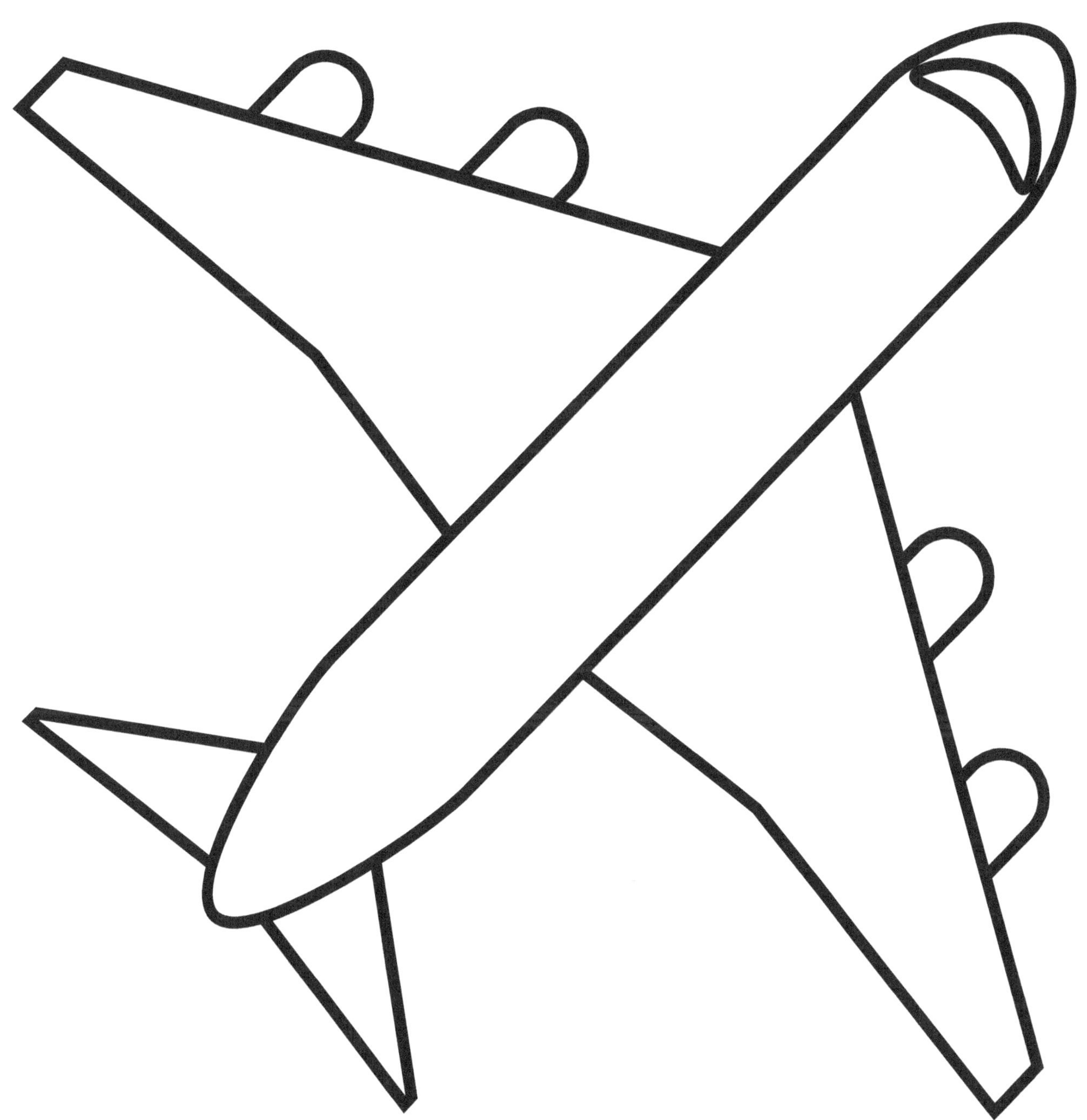

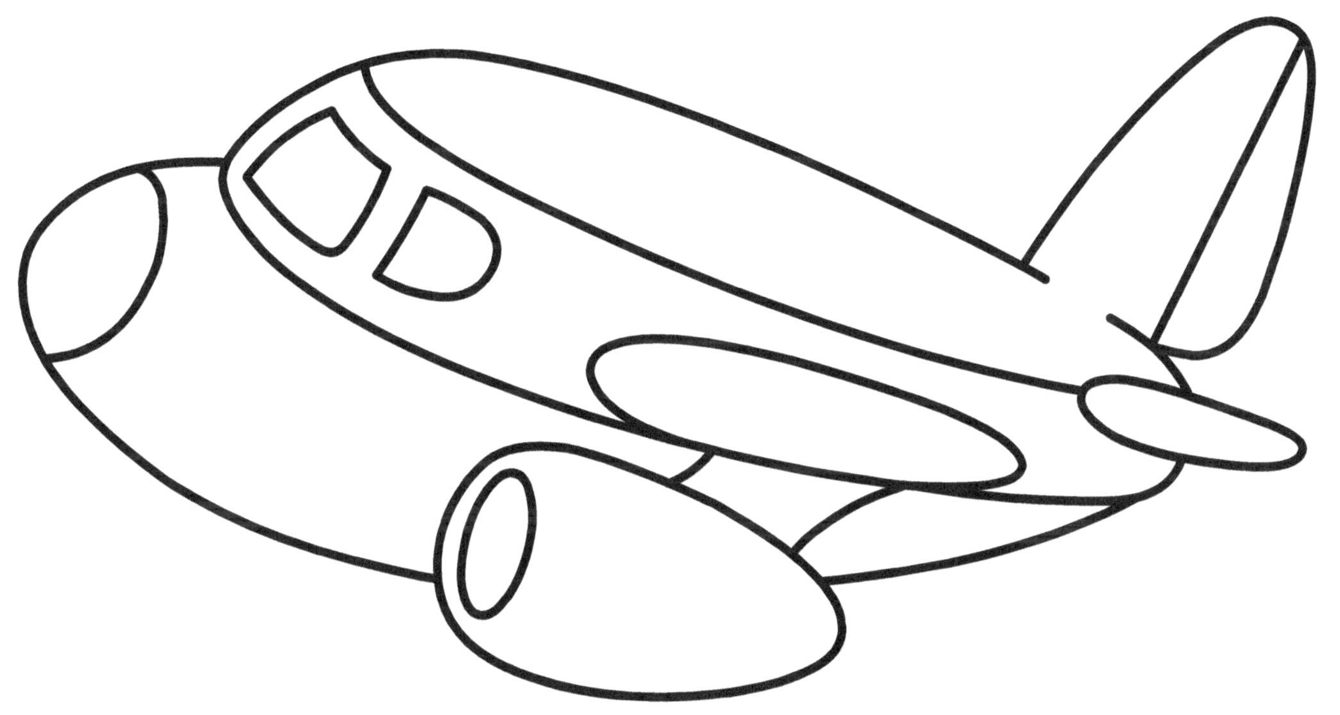

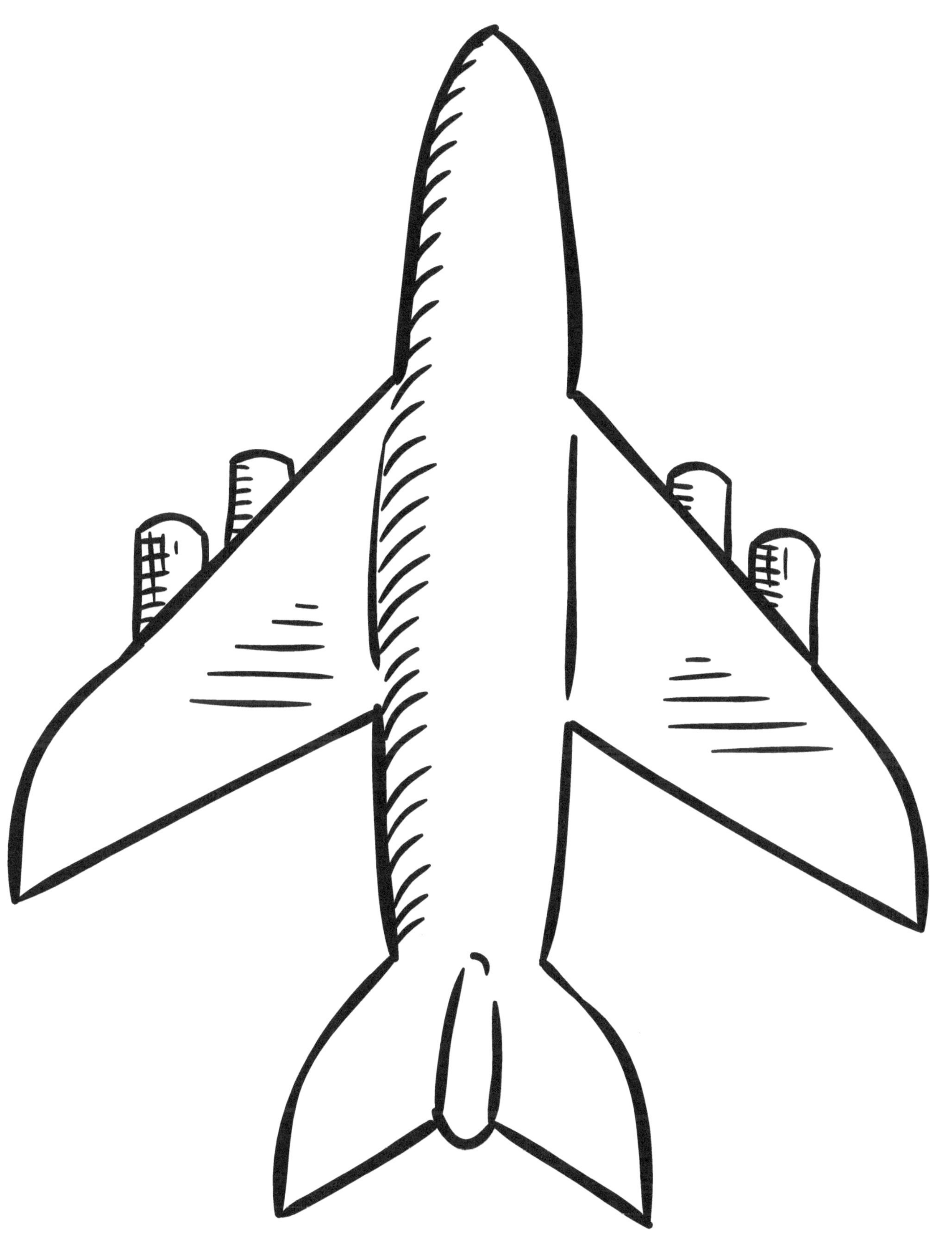

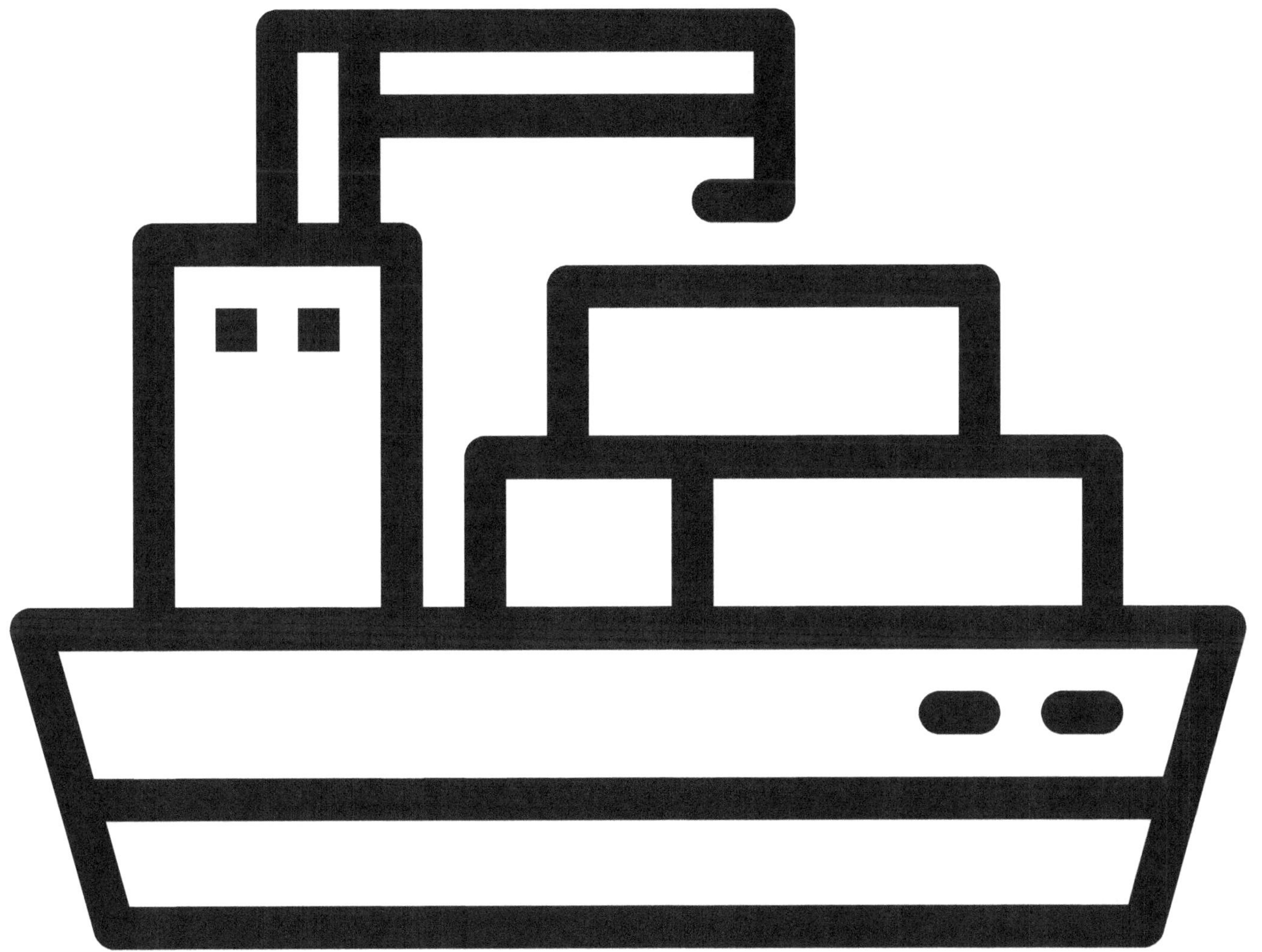

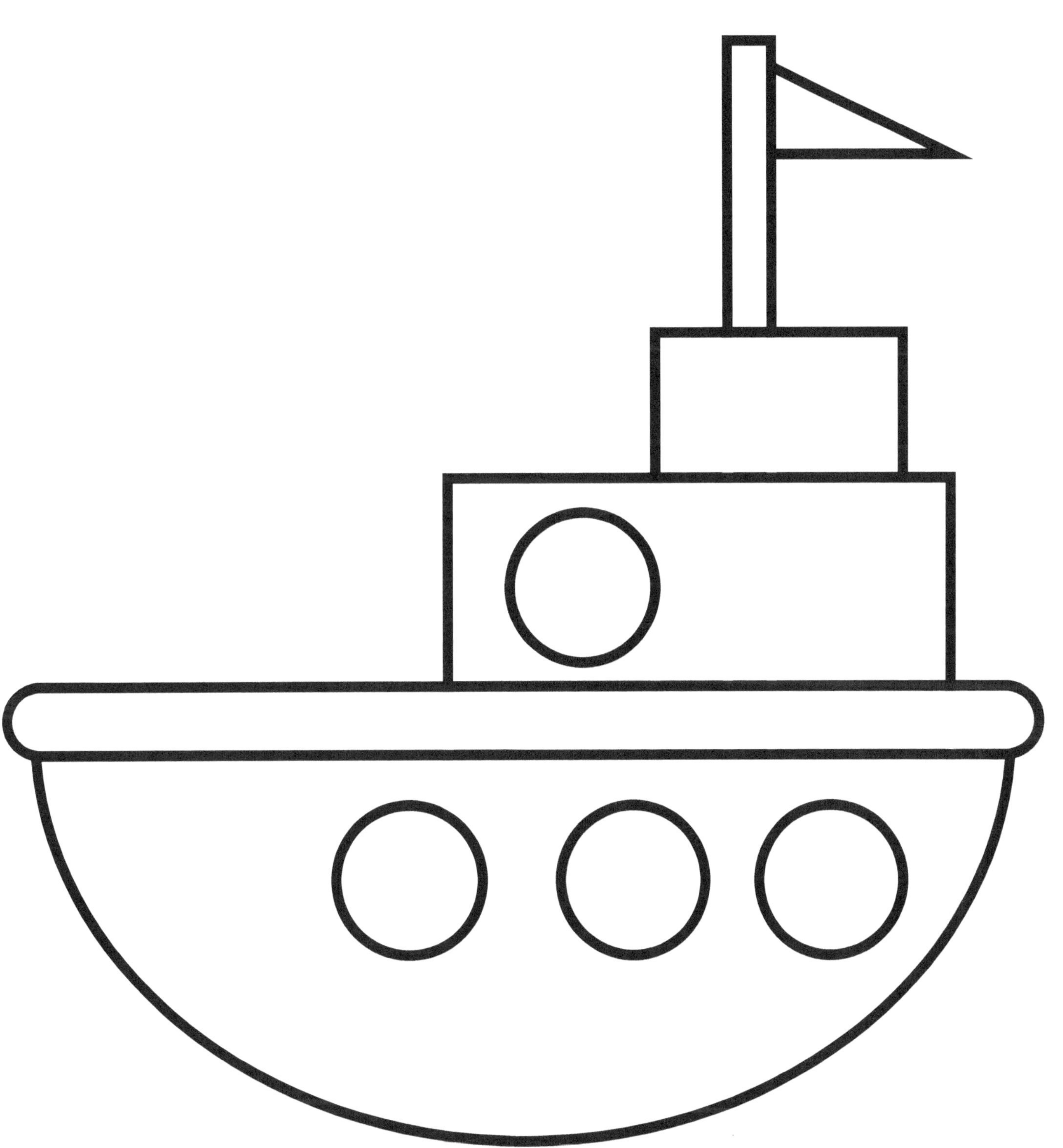

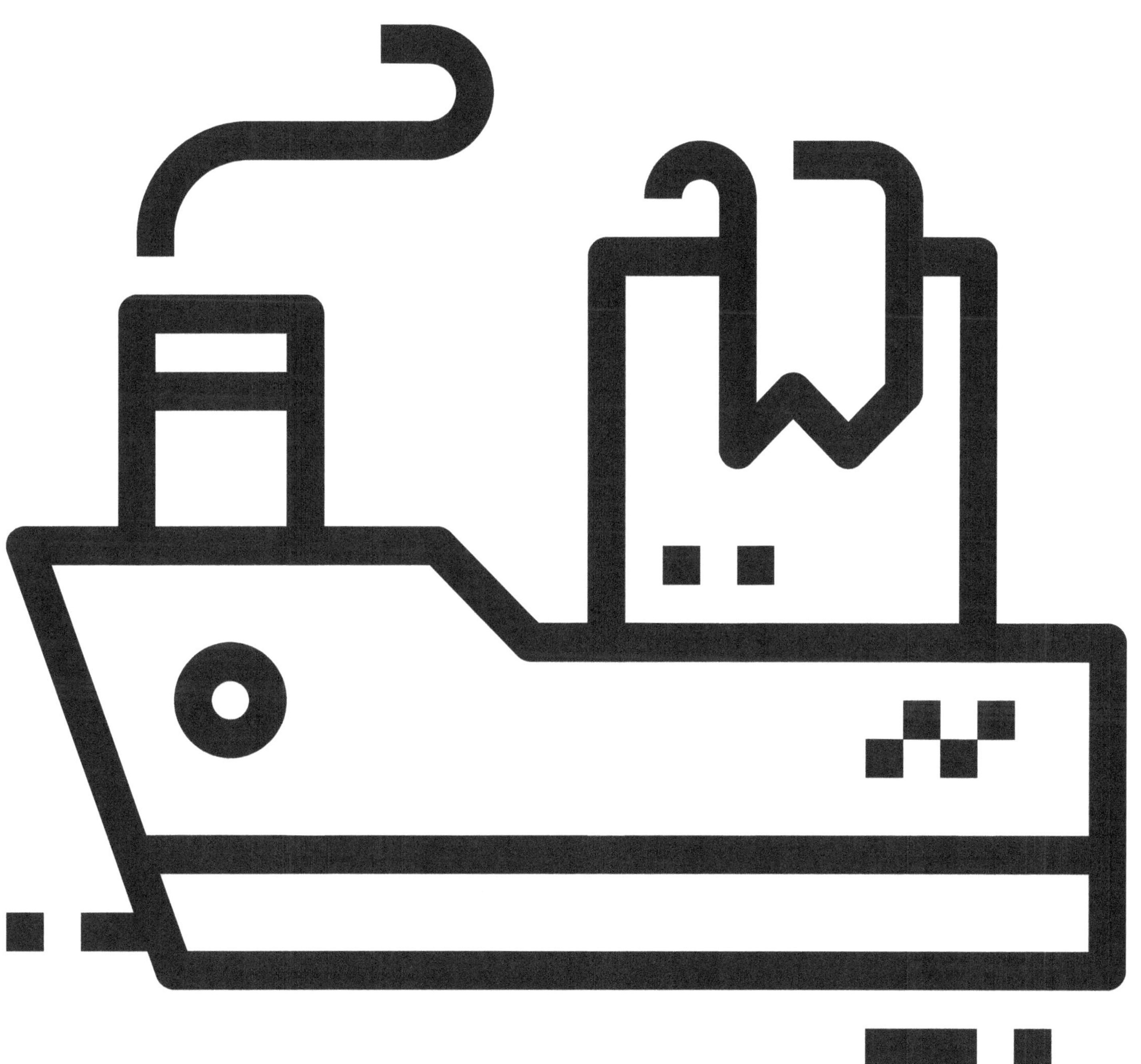

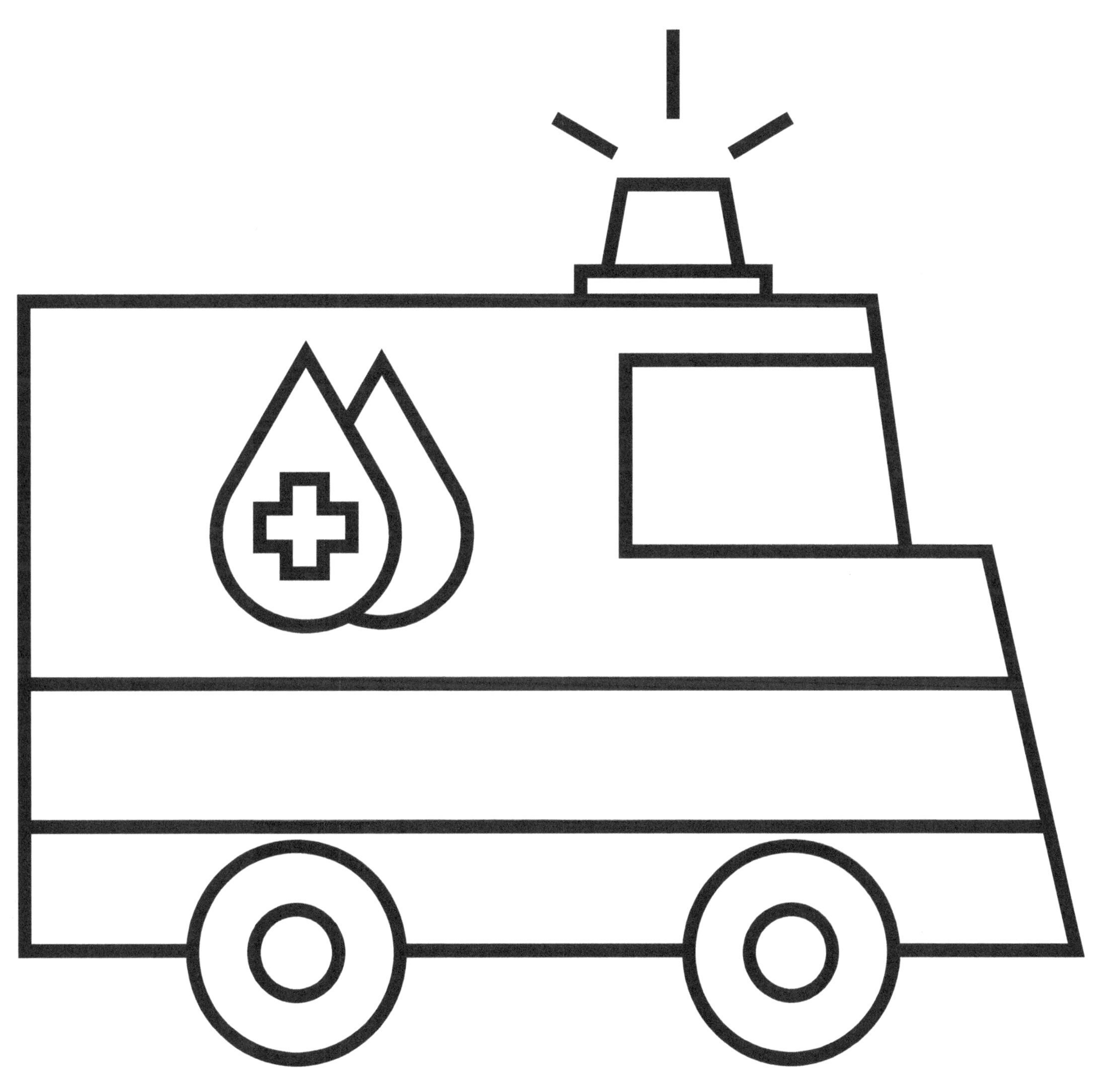

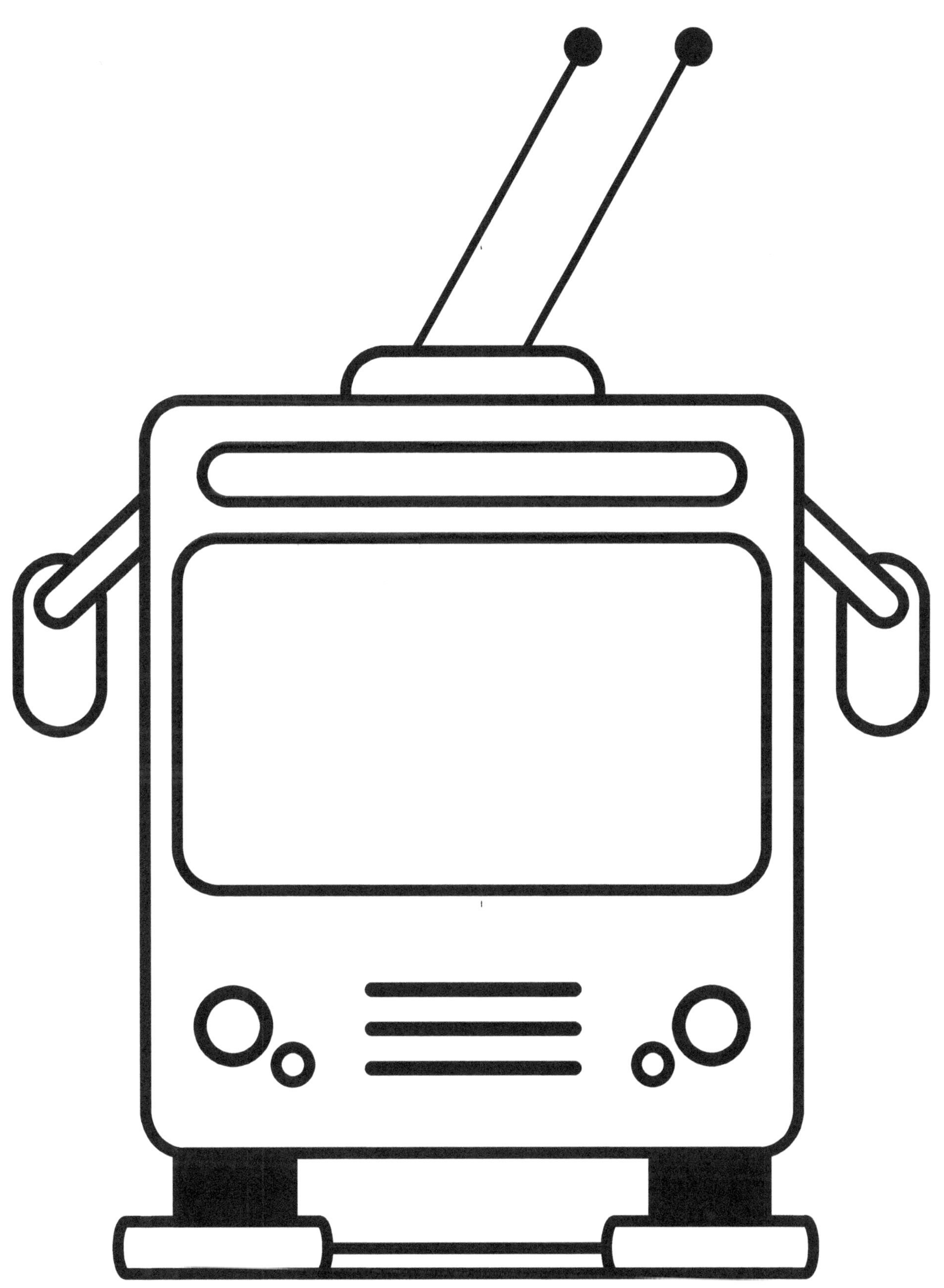

www.ingramcontent.com/pod-product-compliance
Lightning Source LLC
Chambersburg PA
CBHW080725120726
48001CB00010B/3143